# El Vía Crucis para la familia

JIM MERHAUT

# EL VÍA CRUCIS PARA LA FAMILIA: EL ESTILO EN QUE JESÚS AMA

Gracias por elegir *El Vía Crucis para la familia*. Todas las familias conocen en sus huesos, carne, corazones y almas lo que significa la pasión y muerte de Jesús porque todos sabemos lo que es sufrir. Y si intentamos aprender y crecer por medio de nuestro sufrimiento podremos ver la belleza de la resurrección. El sufrimiento puede ser tan intenso como lo es el fallecimiento de alguien de la familia o tan liviano como una rodilla raspada. Todo sufrimiento nos da la oportunidad de participar en el sufrimiento de Jesús, un sufrimiento que nos rescata del pecado y de la muerte, y que nos guía hacia una nueva vida. La siguiente devoción familiar les ayudará a reflexionar en el misterio del sufrimiento de Cristo que quizá puede ya estar presente en los eventos y normas de la rutina familiar. *El Vía Crucis para la familia* les ayudará a descubrir la obra de Dios que a menudo se oculta en el rigor de la vida diaria, y que puede prepararlos a experimentar con más intensidad lo maravilloso del evento pascual de la resurrección. Sean fieles an este camino.

## *SUGERENCIAS DE CÓMO UTILIZAR* EL VÍA CRUCIS PARA LA FAMILIA

Hay muchas maneras de rezar *El Vía Crucis para la familia*. Por favor consideren estas opciones:

### *¿Dónde?*

- **En la iglesia:** Vaya toda la familia a la parroquia y lean las catorce estaciones mientras recorren las estaciones del Vía Crucis puestas en la iglesia. Inviten a otra familia a acompañarlos.
- **En la casa:** Pide a los integrantes de tu familia que dibujen cada una de las estaciones del vía crucis o hagan esculturas de plastilina y pónganlas en diferentes lugares de su casa. Deténganse en cada una de las estaciones y lean las reflexiones para cada una de las estaciones.
- **Al aire libre:** En su oración tengan presente a la creación marcando catorce lugares en el patio trasero o jardín de su casa. Si no tiene patio o jardín, vaya a un parque y elija catorce árboles. La madera de esos árboles puede simbolizar la madera de la cruz. Recuérdele a su familia que la muerte de Jesús y su resurrección redime a toda la creación, no solamente a las personas. No olviden identificar símbolos de nueva vida en la naturaleza (la germinación de las plantas, o crías de animales) como recordatorios de la nueva vida en Cristo.

## ¿Cómo?

- **Una estación a la vez:** Empiecen el día después del Miércoles de ceniza y lean una estación por día antes de las comidas o antes de dormir. Si hacen esto cada día durante la Cuaresma, harán las catorce estaciones del Vía Crucis tres veces y terminaran el último día de la Cuaresma, que es el día antes de Jueves Santo. Esta es una manera muy práctica para las familias que tienen niños porque les parecerá fácil de seguir diariamente. Si se rezan las catorce estaciones cada día podría ser demasiado para los niños más pequeños. Además, hacer el Vía Crucis tres veces durante la Cuaresma les ayudará a memorizar cada estación.
- **Compartan la cruz durante el Vía Crucis:** Notarán que cada estación equiere de un guía y de varios lectores. Si dos personas están haciendo el Vía Crucis, uno de ellos puede leer los números pares y el otro los números impares. Si hay más de dos personas, pueden leer de manera circular hasta que cada parte de la estación sea dicha.
- **Comenten el Vía Crucis:** Cada estación tiene un "objetivo" y preguntas para comentar que recalcan algunas ideas para ayudar a la familia para que relacionen sus vidas con las estaciones del Vía Crucis. Comentar es opcional. Quizá quieran meditar en silencio las preguntas, o si esto es algo que ya han hecho antes no lo tienen que hacer ahora. Adapten esta devoción de acuerdo a sus necesidades, *El Vía Crucis para la familia* es una guía. Adáptela cómo crean mejor funcione con su familia.

## INTRODUCCIÓN

Hace casi 2,000 años Jesús murió cuando fue crucificado en una cruz de madera. ¿Por qué? Porque la gente no pudieron entender su amor por las personas. Esto puede parecer difícil de creer. ¿Por qué alguien puede ser asesinado por amar a las personas? Piensen por un momento acerca de esto. ¿Tuvo usted envidia cuando alguien recibió algún regalo? ¿Se enojó y hasta a lo mejor quizo vengarse de la persona que lo recibió como de quien dio ese regalo? Si se ha llegado a sentir así alguna vez, entonces podrá entender por qué las personas pudieron haber estado enojadas con Jesús por ser una persona amorosa.

Lo más importante a recordar acerca de la muerte de Jesús, es que él nos mostró, al resucitar de entre los muertos, que el amor y la vida son más poderosos que el pecado y la muerte. Caminemos junto a Jesús en este Vía Crucis. Nos detendremos junto a él catorce veces para meditar y rezar acerca de lo que significa el sufrimiento para él y lo que significa para nosotros.

# PRIMERA ESTACIÓN

**GUÍA:** Primera estación. Jesús es condenado a muerte. Te adoramos Oh Cristo y te bendecimos.

**TODOS:** **Porque por tu santa cruz redimiste al mundo y a mí pecador.**

**LECTOR 1:** El sanedrín y los judíos más ancianos conspiraron para matar a Jesús.

**LECTOR 2:** Judas traicionó a su amigo Jesús.

**LECTOR 3:** La gente que gritó alabanzas a Jesús hace unos pocos días ahora le da la espalda.

**LECTOR 4:** Poncio Pilato, el gobernador romano con el poder para liberar a Jesús, se lava las manos como señal de que él no iba a ayudar a Jesús.

**LECTOR 5:** Nosotros también condenamos a Jesús cada vez que fallamos en hacer lo que es correcto o elegimos hacer lo que es incorrecto. No culpemos a las personas cuando algo sale mal. Todos compartimos la misma responsabilidad de alguna manera.

**TODOS:** **Jesús, danos la fuerza para aceptar la responsabilidad por aquello que sale mal.**

## RESPONSABILIDAD

*Comenten o mediten en silencio. Piensen en el momento en que culpaste a alguien por que algo salió mal. ¿Además de haber culpado a alguien, qué actitud positiva hubieran tomado?*

## SEGUNDA ESTACIÓN

**GUÍA:** Segunda estación. Jesús con la cruz a cuestas. Te adoramos Oh Cristo y te bendecimos.

**TODOS:** **Porque por tu santa cruz redimiste al mundo y a mí pecador.**

**LECTOR 1:** Jesús libremente aceptó su cruz en la que sufrió y murió.

**LECTOR 2:** Muchas personas piensan acerca de la cruz como un gran problema, pero Jesús la vio como la oportunidad de mostrar la fuerza de su amor por todas las personas.

**LECTOR 3:** La cruz fue un gran desafío para Jesús. Así como él, todos nosotros enfrentamos desafíos.

**LECTOR 4:** Algunas veces me siento retado por uno de mis hermanos o hermanas que no son amables conmigo, o por las dificultades en el trabajo, en la escuela, o con los vecinos.

**LECTOR 5:** Algunas veces me siento retado por los quehaceres que debo hacer en la casa.

**LECTOR 6:** Algunas veces me siento retado al tener que tomar una decisión difícil, una enfermedad, o por el mal humor.

**LECTOR 7:** Todos nuestros desafíos y retos son como cruces. Pareciera que son grandes problemas, pero pueden ser oportunidades para mostrar el gran amor que nos tenemos.

**TODOS:** **Jesús, danos la fuerza para aceptar nuestras cruces.**

## ACEPTACIÓN

*Comenten o mediten en silencio. Piensen de algún desafío o reto que estén teniendo ¿Cuál es la oportunidad que ven si lo aceptan?*

## TERCERA ESTACIÓN

**GUÍA:** Tercera estación. Jesús cae por primera vez. Te adoramos Oh Cristo y te bendecimos.

**TODOS:** **Porque por tu santa cruz redimiste al mundo y a mí pecador.**

**LECTOR 1:** Jesús cayó porque estaba agotado y estaba debilitándose.

**LECTOR 2:** Pero su gran deseo de amar a las personas le dio la fuerza para levantarse y seguir.

**LECTOR 3:** Algunas veces esperamos demasiado de los demás.

**LECTOR 4:** La carga que ponemos en nuestras espaldas son pesadas, y sentimos que caemos;

**LECTOR 5:** Cuando estamos débiles, el Espíritu Santo siempre está ahí para levantarnos y darnos fuerza.

**TODOS:** **Jesús, ayúdanos a creer en la fuerza del Espíritu Santo cuando estamos débiles en lugar de confiar en nuestra fuerza.**

# FE

*Comenten o mediten en silencio. ¿Es mejor creer en ustedes mismos o en el Espíritu Santo que está en ustedes? ¿Por qué?*

# CUARTA ESTACIÓN

**GUÍA:** Cuarta estación. Jesús encuentra a su madre. Te adoramos Oh Cristo y te bendecimos.

**TODOS:** **Porque por tu santa cruz redimiste al mundo y a mí pecador.**

**LECTOR 1:** María, la madre de Jesús, estuvo al lado de su hijo en los momentos más difíciles.

**LECTOR 2:** Dios nos ama como una madre ama a sus hijos. Ya lo dice el profeta Isaías: "Como un hijo al que su madre consuela, así los consolaré yo a ustedes..." (Isaías 66, 13).

**LECTOR 3:** Es difícil ver cómo las personas sufren, especialmente los seres queridos que conocemos y queremos.

**LECTOR 4:** El compromiso de María de amar a su hijo le ayudó a permanecer con Jesús y consolarlo mientras sufría.

**TODOS:** **Jesús, te agradecemos por los padres y madres que están comprometidos, como tu madre, en consolarnos cuando sufrimos.**

## COMPROMISO

*Comenten o mediten en silencio. Cuenten una historia de alguna vez cuando su mamá o su papá les mostró su cariño y amor cuando los consoló cuando estaban adoloridos o sufriendo.*

# QUINTA ESTACIÓN

**GUÍA:** Quinta estación. Simón de Cirene ayuda a cargar la cruz. Te adoramos Oh Cristo y te bendecimos.

**TODOS:** **Porque por tu santa cruz redimiste al mundo y a mí pecador.**

**LECTOR 1:** Jesús humildemente confía en la ayuda de Simón para terminar su recorrido.

**LECTOR 2:** Nadie hace algo excelente sin aceptar humildemente la ayuda de otras personas.

**LECTOR 3:** Una comunidad fuerte y cariñosa siempre apoya la excelencia, aún la excelencia individual.

**LECTOR 4:** La comunidad que apoya nuestros esfuerzos está formada por nuestra familia, la parroquia, nuestros maestros, entrenadores, nuestras amistades, y muchas otras personas.

**LECTOR 5:** Cuando logramos algo, necesitamos recordar y ser agradecidos con las personas que Dios envía a ayudarnos a realizar nuestro trabajo.

**TODOS:** **Jesús, al permitir que Simón te ayudara, nos recuerdas que necesitamos dejar de ser orgullosos y debemos ser humildes. Gracias por las personas que nos envías para ayudarnos.**

## HUMILDAD

*Comenten o mediten en silencio. Nombren alguno de sus logros. ¿Quién ayudó a conseguirlos?*

## SEXTA ESTACIÓN

**GUÍA:** Sexta estación. Verónica limpia el rostro de Jesús. Te adoramos Oh Cristo y te bendecimos.

**TODOS:** **Porque por tu santa cruz redimiste al mundo y a mí pecador.**

**LECTOR 1:** El nombre de Verónica significa "verdadera imagen".

**LECTOR 2:** Verónica sintió compasión por Jesús, y ella con su velo limpió la cara de Jesús, dándole algo de alivio.

**LECTOR 3:** El rostro compasivo de Jesús, que es la verdadera imagen de Dios, quedó estampado en su velo.

**LECTOR 4:** El velo simboliza la compasión del corazón de Verónica.

**LECTOR 5:** Cuando somos compasivos con las personas, mostramos que nuestros corazones llevan la verdadera imagen de Dios. Dios ayuda a las personas por medio de nosotros.

**TODOS:** **Jesús, danos corazones compasivos como el de Verónica para que seamos la verdadera imagen de Dios en el mundo.**

## COMPASIÓN

*Comenten o mediten en silencio. ¿Les ha tocado ver a alguien siendo molestado? ¿Sintieron compasión por esa persona y se acercaron a ayudarle? ¿Si no, qué harán la próxima vez que vean que esto pasa?*

## SÉPTIMA ESTACIÓN

**GUÍA:** Séptima estación. Jesús cae por segunda vez. Te adoramos Oh Cristo y te bendecimos.

**TODOS:** **Porque por tu santa cruz redimiste al mundo y a mí pecador.**

**LECTOR 1:** Jesús sufrió más que dolor físico durante el vía crucis. Él también tuvo dolor emocional.

**LECTOR 2:** Su amigo Judas lo traicionó. Su amigo Pedro pretendió no conocerlo. Muchos que decían que le querían ahora deseaban su muerte.

**LECTOR 3:** Las amistades rotas fueron una carga para Jesús, y quizá por eso cayó por segunda vez.

**LECTOR 4:** Es fácil ser amigo cuando te estás divirtiendo, pero los verdaderos amigos se apoyan unos a otros aún en los momentos difíciles.

**TODOS:** **Jesús, gracias por perdonar a tus amigos cuando ellos te fallaron y no te fueron fieles.**

## AMISTAD

*Comenten o mediten en silencio. Compartan una historia de un amigo que no te apoyó. ¿Qué hicieron, o que pueden hacer para que las cosas sean mejores ahora?*

**GUÍA:** Octava estación. Jesús encuentra a las mujeres de Jerusalén. Te adoramos Oh Cristo y te bendecimos.

**TODOS:** **Porque por tu santa cruz redimiste al mundo y a mí pecador.**

**LECTOR 1:** Las mujeres que vieron a Jesús sufriendo se pusieron muy tristes porque le querían.

**LECTOR 2:** Jesús trató de consolar a las mujeres aun cuando era él quien más estaba sufriendo. Él no se sintió triste por él mismo.

**LECTOR 3:** Aun cuando estemos enfermos o heridos, todavía podemos hacer el trabajo de Dios si dejamos de ser egoístas.

**LECTOR 4:** Podemos ser agradecidos con las personas que nos cuidan.

**LECTOR 5:** Podemos ser considerados de su sufrimiento pues tratan de alimentarnos para que recuperemos la salud.

**TODOS:** **Jesús, que nosotros nunca dejemos que nuestro sufrimiento nos agobie para ser agradecidos y preocuparnos por las personas.**

## ABNEGACIÓN

*Comenten o mediten en silencio. ¿Qué tipo de paciente son? ¿Se sienten afligidos cuando están enfermos o lastimados? ¿Son agradecidos con las personas que les cuidan?*

# NOVENA ESTACIÓN

**GUÍA:** Novena estación.
Jesús cae por tercera vez.
Te adoramos Oh Cristo y te bendecimos.

**TODOS:** **Porque por tu santa cruz redimiste al mundo y a mí pecador.**

**LECTOR 1:** Jesús cayó otra vez, pero no cayó para evitar el camino al Gólgota, el lugar donde él preferiría no ir.

**LECTOR 2:** El amor requiere que seamos tolerantes cuando debemos ir a lugares a los que preferíamos no ir.

**LECTOR 3:** Los papás tienen que levantarse de la cama para ir a ver por qué sus hijos lloran a mitad de la noche.

**LECTOR 4:** Los hijos tienen que hacer sus quehaceres y compartir el trabajo en la casa.

**LECTOR 5:** A todos los cristianos se les invita a ir a las personas que todos ignoran.

**TODOS:** **Jesús, danos la gracia de la tolerancia cuando sentimos que no soportamos algo.**

## TOLERANCIA

*Comenten o mediten en silencio. Describan una ocasión cuando hicieron algo bueno por alguien, aunque no les haya gustado hacerlo.*

GUÍA: Décima estación. Jesús es despojado de sus vestiduras. Te adoramos Oh Cristo y te bendecimos.

TODOS: **Porque por tu santa cruz redimiste al mundo y a mí pecador.**

LECTOR 1: La única posesión material que Jesús tuvo en el camino hacia su muerte fue su ropa, y aun eso le quitaron.

LECTOR 2: Le dejaron con lo único que más le importaba a él, el sencillo amor de Dios.

LECTOR 3: Jesús no necesitaba de cosas materiales para ser feliz, él necesitaba de amor.

LECTOR 4: Una forma sencilla de vivir es la clave para ser feliz.

TODOS: **Jesús, danos el don de la sencillez.**

# SENCILLEZ

*Comenten o mediten en silencio. Si les quitaran todas sus posesiones, ¿cómo tratarían de ser felices? ¿Sobre todas las cosas, qué es lo que más les importa?*

# UNDÉCIMA ESTACIÓN

**GUÍA:** Onceava estación. Jesús es clavado en la cruz. Te adoramos Oh Cristo y te bendecimos.

**TODOS:** **Porque por tu santa cruz redimiste al mundo y a mí pecador.**

**LECTOR 1:** Jesús clavado en la cruz sufrió la pena de muerte como un victima inocente.

**LECTOR 2:** Su perdón y amor fueron demasiados majestuosos para que las personas los aceptaran.

**LECTOR 3:** En la cruz, Jesús fue a la desgracia humana más baja para que él pudiera redimir lo más profundo de lo bajo.

**LECTOR 4:** El perdón de Dios es lo suficiente penetrante para cada uno, Jesús incluso les ofreció el perdón a quienes lo estaban crucificando: "Padre perdónalos porque no saben lo que hacen" (Lucas 23, 34).

**LECTOR 5:** Jesús ofreció su perdón a las personas que lo estaban crucificando aunque ellas no lo pedían.

**TODOS:** **Que nunca neguemos el perdón para alguien, aunque no lo estén buscando.**

## PERDÓN

*Comenten o mediten en silencio. Describan alguna ocasión cuando fueron perdonados. ¿Quién los perdonó? ¿Por qué? ¿Creen que las personas tienen que pedir perdón para recibirlo?*

# DUODÉCIMA ESTACIÓN

**GUÍA:** Doceava estación.
Jesús muere en la cruz.
Te adoramos Oh Cristo y te bendecimos.

**TODOS:** **Porque por tu santa cruz redimiste al mundo y a mí pecador.**

**LECTOR 1:** Jesús lanzó un grito, entregó su espíritu, y murió.

**LECTOR 2:** No debemos tener miedo, incluyendo la muerte porque Jesús ha pasado por la muerte antes que nosotros para transformar la muerte en nueva vida.

**LECTOR 3:** Nuestra muerte está en un lugar en el futuro, pero podemos practicar morir cada día haciendo que el pecado muera en nuestros corazones y confiando que hay una vida mejor sin pecado.

**LECTOR 4:** No importa qué tan seductor el pecado pueda parecer, o que tan a gusto podamos estar viviendo en el pecado, necesitamos confiar que hay una nueva vida.

**LECTOR 5:** Necesitamos liberarnos del pecado y confiar en el amor de Jesús.

**TODOS:** **Que el pecado muera en nuestros corazones para que podamos confiar que nuestra verdadera felicidad viene de vivir dándose uno mismo con amor.**

## CONFIANZA

*Comenten o mediten en silencio. ¿Por qué el pecado necesita morir en nuestros corazones? ¿Cuál es la mejor forma de vida a la que Jesús les está invitando a vivir? ¿Qué es lo que les previene a confiar completamente en Jesús?*

# DECIMOTERCERA ESTACIÓN

**GUÍA:** Treceava estación. Jesús es bajado de la cruz. Te adoramos Oh Cristo y te bendecimos.

**TODOS:** **Porque por tu santa cruz redimiste al mundo y a mí pecador.**

**LECTOR 1:** Después que Jesús murió, su cuerpo maltratado y sangrante fue entregado a José de Arimatea.

**LECTOR 2:** José recibió el cuerpo de Jesús tan repugnante e irreconocible.

**LECTOR 3:** Cada domingo, se nos invita a recibir el cuerpo de Cristo, y el cuerpo de Cristo incluye a cada persona.

**LECTOR 4:** Lo que sea y quien sea que pensemos es repugnante en la creación de Dios es parte del cuerpo de Cristo de la misma manera que lo que pensamos es perfecto en la creación de Dios.

**LECTOR 5:** Cuando comemos la Eucaristía, debemos consumirla toda y debemos recibirla toda.

**TODOS:** **Jesús, abre nuestros corazones y nuestros brazos para abrazar a toda la creación.**

## APERTURA

*Comenten o mediten en silencio. ¿A quién o qué en el cuerpo de Cristo no aceptarían en sus vidas? ¿Cómo podrían ser más amorosos con los demás, y cómo podrían aceptarlos como son?*

## DECIMOCUARTA ESTACIÓN

**GUÍA:** Catorceava estación. Jesús es puesto en el sepulcro. Te adoramos Oh Cristo y te bendecimos.

**TODOS:** **Porque por tu santa cruz redimiste al mundo y a mí pecador.**

**LECTOR 1:** José de Arimatea donó su tumba para el entierro de Jesús.

**LECTOR 2:** Jesús entró a esta tumba prestada, la casa de la muerte, y él la derrotó para dar una nueva esperanza a toda la creación.

**LECTOR 3:** Jesús nos enseñó con su pasión, muerte y resurrección que el amor y la vida son más poderosos que el pecado y la muerte.

**LECTOR 4:** Si creemos en la muerte y resurrección de Jesús, siempre tendremos esperanza; porque Jesús venció la muerte, creemos que nada ni nadie puede destruirnos completamente.

**TODOS:** **Jesús, gracias por darnos esperanza.**

## CONCLUSIÓN

**GUÍA:** Hemos caminado el camino de la cruz con Jesús. Hemos explorado su manera de amar. No hicimos este recorrido sólo para recordar eventos del pasado, recorrimos este camino para transformar la forma en que vivimos aquí y ahora. Ahora tenemos el reto de cambiar la forma en que caminamos en la tierra. Tenemos el reto de caminar con amor siendo responsables, teniendo aceptación, fe, compromiso, humildad, compasión, amistad, abnegación, entereza, sencillez, perdón, confianza, apertura y esperanza. Que la gracia de Dios guíe nuestro camino, por Cristo nuestro Señor. Amén.

## ESPERANZA

*Comenten o mediten en silencio. ¿Qué es a lo que más le tienen miedo? ¿De que manera la esperanza de Jesús fundada en su muerte y resurrección les ayuda a enfrentar el miedo?*

*"Esta sencilla devoción familiar les ayudará a ponerse en contacto con el misterio del sufrimiento de Cristo...*El Vía Crucis para la familia *les ayudará a descubrir la obra de Dios que a menudo se oculta en los rigores de la vida diaria y que puede prepararlos a experimentar con más intensidad lo maravilloso del evento pascual de la resurrección."*

De *El Vía Crucis para la familia*

COMO FAMILIAS CRISTIANAS, se nos invita a imitar a Jesús en acción y palabras, no sólo cuando rezamos el Vía Crucis, sino en nuestra vida diaria. Este librito les provee algunas sugerencias de cómo las familias pueden caminar y rezar unidas la tradicional devoción del Vía Crucis, ya sea en el hogar o en la parroquia.

*JIM MERHAUT es el esposo de Debbie y el padre de Juli, Sarah, Nate, Nick y Elena. Es un autor reconocido y conferencista nacional en diferentes temas de formación en la fe. Jim actualmente es presidente de Villa Maria Education and Spirituality Center en Villa Maria, Pennsylvania.*

Imprimi potest: Thomas D. Picton, CSsR Provincial, Provincia de Denver Los Redentoristas



Las citas bíblicas son de *Biblia de América*, cuarta edición 1994.



Liguori Publications, corporación no lucrativa, es un apostolado de los Redentoristas. Para saber más acerca de los Redentoristas visite "Redemptorists.com".

Para hacer pedidos, llame al 800-325-9521
www.liguori.org

Reprinted in 2013.

*Diseño de la portada: Jodi Hendrickson*
*Imagen de la portada: Shutterstock*